dentrofora

sanchez

1ª edição | São Paulo, 2023

dentrofora

LARANJA ● ORIGINAL

Sumário

dentrofora..7

tema em variação moto-contínua..........................9
mantra..10
siesta..11
glitching..13
edição crítica..15
papo de bêbado...16
vácuo..17
frame(d)..18
tudo que é verbo solidifica-se na página..........19
réquiem betume...20
flanando no ar...21
esconde-esconde..22
quatro haikais de natureza morta......................23
microfragilidades...24
oásis...25
vocação diminuta...26
writer's bleak...27
sem teto..28
impermanência reciclável....................................29
fantasmagoria...30
a língua do pê...31
heliotropismo..32
estalo bissexto..33
sanguessuga..34
solidão assistida...35
babel monolíngue..36
danse macabre...37
tombeau dos tombados.......................................38
ouroboros..39
o antiantecanto..40

âmago do arco-íris..41
tipografia..43
réu confesso..44
panaceia desvairada..45
a educação pelo quartzo.......................................46
aquilo..48
ciranda..49
ontologia do ar...50
o ser e o fim..51
falsa coral...52
ditado..53
botânica visual..54
a abadia do eu mesmo..55
sintaxe corporal..56
arritmia...57
traditore..58
transmutação..59
arqueologia do verso..60
GIMMICK!...61

florêxtase..63

imunidade de rebanho...65
agitpobre (à sombra de Maiakóvski)....................66
coa(ch)xo..67
3.ª...68
repartição...69
bile-jardim..70
canção de mais uma guerra..................................71
los que aman los escombros.................................72
suíte incômoda...73

Contingências: da variação moto-contínua aos natimortos.........79

dentrofora

tema em variação moto-contínua

dentrofora
para espantar logo o óbvio,
adentrar o assunto e
consumir suas consequências,
abracemos o não dito
   dentroforadentro
para tocar os trocadilhos,
explorar as insinuações e
saborear o duplo sentido,
bendito o seja não dito
   foradentroforadentro
para unir isso e aquilo,
encaixar sujeito e objeto e
derreter o real no verbo,
inaudite-se o não dito
   foradentroforadentrofora
para cansar o confessional,
flertar com o experimental e
espremer o mundano,
ditemos o não dito
   dentroforadentroforadentrofora
para erigir novos dizeres,
esmiuçar a livre associação e
sorver o caldo de todo idioma,
dito de outra forma, inside out é
   dentroforadentroforadentroforadentro
para morder a ponta da língua,
dividir em mil o que era uno,
reconhecer o que é seu em mim,
ser abarcado pela imagem,
neutralizar o subjetivo sem
sujeitar tudo o que é neutro e
separar cada verso em
dito cujo e não dito
   fora   *dentro*.

mantra

no metrô, imóvel.

o olhar esbarra.

feições   roupas   gestos.

o olhar descansa.

pontofixovaziodesfoque.

o olhar que já não é olhar
porque se volta para dentro e tricota:

como
manter
a calma,
as aparências,
o comedimento,

quando se quer gritar quando se quer colocar para fora toda a angústia quando se quer aniquilar o marasmo quando se quer incendiar os ânimos alheios quando se quer fugir quando se quer encontrar o novo quando se quer destruir tudo o que é banal tudo o que é fácil tudo o que é aceito tudo o que é moral?

feições   roupas   gestos.

o olhar esbarra.

no metrô, imóvel.

siesta

aquele momento ao meio-dia,
chocho,
    borocoxô,
        xô
        xô.

o espírito em posição fetal,
olhos voltados para o tédio,
para a
dura
constância
das
coisas.

todos de volta ao trabalho e
só resta o asfalto nas ruas,
o mesmo asfalto
de todos os dias,
todos os dias
ao meio-dia.

a visão turva como se
um véu de tule barato
pesando uma tonelada
apagasse os detalhes do
sol,

sol que resvala nos prédios,
amarelo,
digestão,

sol que queima o alvo do estômago,
amarelo,
depressão.

todos os dias,

depois do meio-dia,
de volta ao mundano
não há véu, não há cor,
e o meio-dia é só isso mesmo,
meio-dia.

xô
   xô.

glitching

Benjamin diz que o anjo de Klee
olha, aterrorizado, para o passado.

será? sempre achei que seus olhos
fitavam o observador, como se
esperando alguma reação.

reação minha,
reação sua,
reação no presente.
                      glitching
aterrorizado, Benjamin olha para o
anjo de Klee do passado.

sempre? achei que fitava alguma
reação, sempre esperando
o observador.

sua reação,
um presente
para mim.
              glitc
                hing
Klee aterrorizado, Benjamin passado,
um anjo que olha e diz:

reação? olhos de um observador,
como se fitassem,
esperando.

reaja, presente.
para mim e

glitching
glitching

BenjaminKlee olhando
um passado de terror

olho o anjo enquanto sou
olhado observo sou
observado
fitar reagir esperar
o terror do presente
reação reação reação.

edição crítica

imagens brotam por aí.
não queria, mas brotam.

à distância, uma luz azul
                mas pode ser de outra cor
arremessa à cabeça quadros
                ou apenas a azul causa esse efeito?
de um filme piegas
                mas se é piegas, é matéria
que vi(vi).
                para poesia? (ver e viver não são a
                mesma coisa, por mais bonitinhos
                que sejam esses parênteses aí).

imagens brotam por aí.
e como são insistentes.

aquele fim de tarde no
                afinal de contas, uma experiência
meio do verão e toda a
                individual pode ser extrapolada a
nostalgia do sol descendo
                status de verso? há algo intrinsicamente
sobre a cidade.
                nostálgico a respeito do pôr do sol?
                o que são essas imagens?
                de onde vêm? como proliferam?

feito imagem broto aqui.
não há escapatória da palavra.

o poeta *isolado* da sociedade
que intercala *vozes*
para mostrar o quão
metalinguístico ele é.

papo de bêbado

encher o copo e
calcular.

perceber que a
garrafa deve dar
pra mais uma dose.

e viver assim,

de conta em conta,

de gole em

vácuo

lanças perfuram a pele,
em cada ponta uma inscrição:

nasceu,
cresceu,
trabalhou,
amou,
morreu.

entre uma chaga e outra,
o resto,
a vida.

no espaço de um dia ao final do dia foi apenas mais um dia,

e a inércia,

a monotonia,

o nada

que é

atravessar

esse pântano

chamado

rotina

perecem atrás de um nome:

ser humano.

frame(d)

pela janela, a imagem gigantesca
envolve tudo e todos e espanca
o receio quase jesuítico.

receio
de se deixar levar
pelo perfume sem cheiro,
comida sem gosto,
sedução sem tesão.

receio de olhar.

por mais que evite, por mais
que brigue, por mais que
adie o desfecho,

derrota:
dia nublado, cinzaconcretado.

tudo que é verbo solidifica-se na página

palavra é tijolo,
é reboco,
é peça-imagem
cimentada
num muro.

palavra é artefato,
é resquício,
é fóssil-signo
sedimentado
num nome.

palavra não se intui,
desbrava-se.

palavra não se sente,
tateia-se.

palavra não emociona,
corta.

caco de cerâmica
sujo de sangue corta a
cabeça de toda quimera
metafísica e a serve
numa bandeja de

concreto.

réquiem betume

em olhos cor de cinza,
bem no fundo,
tudo é lágrima
raiva, ressentimento.
tudo queima e
vira cinza,

estática, diminuta,
nada,
cinza.

como o tempo
que passa,
cinza.

como o redemoinho
que gira,
cinza.

como esse pó-fumaça
carregado pelo
silêncio,

apenas silêncio.

no fundo sujo

de um cinzeiro,

resíduos de afeto.

flanando no ar

cada rua são várias,
abismo sem fundo
de tudo aquilo que passou.

em cada esquina a história
fossilizada em simultâneas
camadas invisíveis.

andar pela cidade é só silêncio,
o concreto não grita, não chora.

se flana pelas ruas,
não plana pelo abismo.

se busca a história,
a esquina devolve o silêncio,

o terror de um presente contínuo,

o nada.

entre a civilização e a barbárie,
o concreto sangra a lembrança.

esconde-esconde

pureza do eu?
eu puramente cindido.
o eu cria a si mesmo
ensimesmado no olhar do outro.

pureza de língua?
língua puramente variada.
o sentido fixado à página
asfixiado pela palavra.

pureza da arte?
arte puramente refratária.
o arquétipo canonizado
destruindo todo o cânone.

pureza?
mas pra que coisa pura se pureza não para
em lugar nenhum?

quatro haikais de natureza morta

para Alice Ruiz

na torre do prédio
revoada de urubus
carcaças de metal

***

ipês no asfalto
sob sapatos apressados
sangue amarelo

***

os sacos de lixo
tremulam pela calçada
espectros fedidos

***

metrô parado
multidão na plataforma
metrô saciado

microfragilidades

na rua mundana,
coisa de outro mundo
acaba com o tédio e...
                      escapa.

no sonho sem lógica,
mágica palpável
torna possível o absurdo e...
                      desperta.

no olhar de desejo,
presságio de tudo
aguça os sentidos e...
                      sossega.

nada tão efêmero como a imagem,
nada tão poético como o efêmero.

oásis

entre a memória e o poema,
papel.

traços se alvoroçam sobre a
página intacta buscando a
centelha do agora quando
já é tempo de depois.
frenético delírio sígnico.

traças se esbarram ao redor da
ideia luminosa criando uma
camada entre o ideal memoriado
e o possível corporizado.
frustrante metamorfose fabricada.

entre a memória e o poema,
deserto.

carcaças se acumulam ao longo
da areia erguendo o emblema
ambíguo de morte-alimento e
vida-sanguessuga.
decadente memória decomposta.

carcará se esconde na duna
aguardando a morte da presa
que definha e busca a
salvação.
derradeiro espetáculo cadavérico.

entre a memória e o poema,
muro.
escrever é esmurrar os tijolos.

vocação diminuta

das palavras de Orides, extraio:
poema não, poeminha.

e disso, avalanche avacalha
toda possibilidade de signo
solitário:

poeminha porque é
minúsculo?
poeminha porque não
vale muita coisa?
poeminha porque é
um velho conhecido?

tudo. nada.

writer's bleak

dizem por aí que
o pior inimigo da poesia
é a falta de inspiração,
o pior pesadelo da escrita
é naufragar no terror do

vazio de uma página em branco.

engano.

terrível mesmo é a página
maculada por uma palavra,
um único aglomerado de
traços brotando do papel feito
faca só cabo que nada corta,

palavra egoísta que repele outras
palavras, mais parece muro
de uma rua sem saída, concreto
cinza e duro que esmurra a nossa
língua e só combina com o

vazio de uma página em branco.

sem teto

em algum filósofo aprendi:
nossa verdadeira casa é a língua,
não a pátria.

língua-casa, mas casa
que
ensina que nem tudo na
língua casa,
que
cala justamente onde a
língua cala,
que
não encara o karma que a
língua encarna,
que
encalacra na carne o que a
língua caça,

língua-casa, mas o
bom filho a casa (e a pátria)
troça.

impermanência reciclável

um caderno novo não
serve para o novo.
ideias soltas
não encontram abrigo
na brancura arranhada
por linhas sanguíneas.

para o novo, o rascunho. em
cada ranhura de um papel
amassado, mínimos favos de
rabiscos possíveis prenunciam
a anarquia dos signos borrados.

vibram as partes móveis de
uma máquina perpétua, ou
melhor, voam bailarinas
praticando o movimento
derradeiro, ou ainda,
trocam-se as imagens de
uma montagem inacabada,
ou quem sabe, prolongam-se
as notas de um contraponto
a mil vozes, ou talvez...

rascunho,
papel fluido que assume a
forma de toda fôrma para
preenchê-la de buracos.

fantasmagoria

um cheiro que não é
mais cheiro, é lembrança
enlameada.
um lugar que não é
mais lugar, é fotografia
despedaçada.

cheiro seu, lugar ao
seu lado, absurdo:
coisa que é coisa
deixando de ser coisa
por ter sido coisa com
você.

de supetão,
soterrada
em silêncios,
sua sombra
é sublimada.

você

se

tornou

resquício.

a língua do pê

a Prosa dos dias

imPróPria para

a Poesia:
           (*o Poema entreletras*)

           (*esganiça nas*)

           (*entrelinhas.*)

heliotropismo

há dias tão noturnos, dias em que
vagamos qual vampiro que não
anseia sangue, só sombra.
justo nesses dias, brilhoescuro faz do
corpo alvo e a primapele é envolvida
por uma carapaça de calor.

a dureza ao meio-dia a meio céu,
ditatorial e solar, presença que bota
tudo em perspectiva.
tão distante e tão átomo, resíduo vivo
adentrando cada poro e célula morta
sem pedir licença.

quilômetros se tornam piada sem graça,
o espaço entre todo corpo do mundo
é menos que nada.
lá longe, aos olhos do sol, somos pontos
agrupadosamontoadosempilhadosgrudados.

por isso o suor.

estalo bissexto

existe um ponto cego em nossa cegueira,
clareira na geleia espessa de
cada dia:
encontrar aquilo no limiar
entre o livre
e o inútil.

compromissos imaginários circulados
no calendário do ano passado, futuro
confinado a folhas amareladas, futuro
realizado no passado, futuro que, mesmo
assim, não deixa de ser futuro.

o uso não usual, a função não funcional,
a criação – pois criar é sempre se prestar
a fazer o que não presta:
fatiar o fato após o fato,
a foi-se na folhinha.

sanguessuga

escava o peito até chegar ao coração,
escancara o que se esconde no vazio.

arranca a pele e desnuda o orgulho,
arrasta ao centro o afeto arranhado.

grita aos ventos o que cala na garganta,
grunhe a mágoa cravada de espinhos.

a sangria sempre dói
menos que
o silêncio.

solidão assistida

um.
só um.
diante de um,
um.
diante de um,
o eu,
o outro,
      o foi,
      o sou,
o isso,
o aquilo,
      o meu,
      o seu,
o ser,
o querer,
      o imaginário,
      o concreto,
o um
mais um.
diante de um,
o mundo
em
um.

babel monolíngue

terror terror terror.

como, de que, de quem,
por quem, por quê.

um terror
qualquer,
pessoal,
traumático.

o terror
específico,
coletivo,
pervasivo.

terror
abstrato,
histórico,
político.

seu terror não é meu.
em artigos definitivamente
indefinidos nos perdemos.

na calada da noite terrível
o que resta é calar,
e o terror é esse.

danse macabre

os minutos entre o anoitecer
e o estalo dos postes de luz
põem em xeque

toda certeza,
razão,
civilização –

        feições embaçadas (*dois pra lá*) –

por um breve momento
voltamos a ser monstros em
transe –

        (*um pra cá*) feições como traços –

demônios com máscaras
de escuro ritualizando
o desconhecido em uma
coreografia de tropeços –

        vultos (*juntos agora*) –

na calçada.

tombeau dos tombados

bengala, pochete, óculos pesados.
figura urbana dos metrôs,
ônibus e restaurantes populares.

vida que é mistério – mister é
não entender o que aconteceu
com essa vida –, o passo apressado
não tem tempo para o passado.

com mísera aposentadoria, é
contraproducente contradição
em termos que vive para
ocupar os dias vagando
pela cidade.

observo como quem quer
aprender
  -eender

        the end.

meus zoolhos enjaulam,
anulam.
se é poesia,
se é palavra,
já não é,
passa a ser,
é construída.

figura urbana dos metrôs,
quando metrificada (mesmo
sem métrica),
morre.

ouroboros

reflexo no espelho no fundo da foto,
        fractal prisão aprisionada na prisão.

grafoespeculoimagética
        fixada em um feixe de luz.

quadro eternamente focado
em um instante
para sempre desfocado
ao fundo.

ignorado.

se já faz tanto tempo que
o espelho se quebrou,
que a câmera sumiu,
que a foto se perdeu,

por que lembrar?
pra que versos, José?

relembrar a cena,
reconfigurar em poema,
reerguer a prisão.

a imagem na palavra na letra no traço,
        a serpente engolindo a si mesma.

o antiantecanto

ai que tristeza que dá,
aquela memória que
insisto em recriar,
vontade inconsciente
de rimar.

rima pobre não pode, rima essa
invenção de uma época
bárbara –
        bárbara, que pode ser coisa boa,
        pode ser Bárbara –,
mas ser preciso é preciso, palavra
não é duas, palavra é uma.

se é duas já é rima, palavra
atraída por palavra na palavra.

mas que fazer quando a rima vem,
quando cai na página sem ser
chamada, canalizada, canonizada.

involuntária
memória
rimada.

memória e rima,
memória coisificada,
corporizada pela palavra,
mas se é memória não é
mais coisa.

lembrar não é viver
                      ou escrever.

âmago do arco-íris

para Haroldo de Campos

I.

arco-íris
é
vermelho
        laranja
                amarelo
                      verde
             azul
      anil
violeta.

arco-íris
é
espectro –
vermelho deságua no
laranja, respinga no
amarelo, derrama no
verde, transborda no
azul, jorra no
anil, vaza no
violeta.

arco-íris
é
um fôlego só –
vermelaranjamarerdezulanileta.

arco-íris
é
arco-íris –
cada nome de cor
forma um nome:

arco-íris.

II.

o arco-íris branco
é
a união de todas as cores
adjetivada pela mistura
de todas as cores – arco-íris
arca com o absoluto.

o arco-íris branco
é
a diferença e o todo no
espaço de um nome – arco-íris
encapsula o desaguar, respingar,
derramar, transbordar, jorrar, vazar.

o arco-íris branco

        é.

tipografia

quando o tamanho das páginas já não suporta todo o verso,
[um colchete acomoda o excedente.

e quando o mesmo ocorre com a ideia? Basta fazer bom uso
[do álcool
[da terapia
[do tempo
[do sexo
[do sono
[da ignorância
[do poema que poematiza o ato de fazer
poesia e ainda acha que falar sobre a fala pode resolver alguma
coisa porque falar e fazer poesia são dois extremos falar é preciso
ainda que o assunto não seja preciso o poema se joga no escuro
e morre com um sorriso no rosto fala social poesia insaciável fala
coletiva poema do poeta sempre o poeta e sua tentativa de re-
construir a faísca de um momento pela fala mas já passou e nunca
volta mal entendido é sina é alimento da poesia
[do desabafo.

réu confesso

queria ser memorialista
como Ana e Manuel,

mas não consigo.

não consigo perder de
vista o que não seja
corpo.

não faço versos de vida vivida,
não faço porque não sei.

pra mim poesia é coisa.

não quero mais saber do
poema que não é
                maleável,
                encaixável,

poema que não é troço.

panaceia desvairada

a sin-fonia
per-cussiva
ves-pertina
        dos sapatos contra a calçada.

                                        multidão de torres
                                        em concreto armado
                                        caminha na
                                        mesma direção –
                destinos diferentes.

transe coletivo
coleta individualidades,
dissidência controlada,
permitida.

cada um é um,
um só,
só.

a educação pelo quartzo

antes 59
agora 00
no relógio
ainda que a
vida pare
ainda que o
amor morra
ainda que o
mundo acabe
antes 59
agora 00
no relógio

na máquina
as horas
passam
para a máquina
as horas
não existem
no display
o vazio
o nada
o algoritmo
algoz dos
significados

jogado
na cama
imóvel como
um quartzo
agora
sem vida
sem amor
sem mundo
com a precisão
de um quartzo

virar uma
máquina.

AQUILO
coisaemsi

não é
AQUILO
coisíssimanenhuma

AQUILO
passa a existir
quando
isso o
assume

mas quando AQUILO
é esquecido
quando ISSO o
ignora

é por ISSO
que aquilo escapa
verbo afora

ISSO
coisaemsi

ciranda

na farpa do brinquedo de
madeira presa ao dedo,
a criança já criou um
novo mundo.

o faz de conta conta
outra realidade – até o
tédio chegar e o real
se impor novamente.

assim,

sem conflito algum,
verdade e brincadeira,
cada um em sua caixa,
podem se misturar.

escrever poema como
brinca a criança, encaixar
palavras, palavrear o
momento – até o tédio chegar.

ontologia do ar

há suspiro e suspiro
suspiro automático
questão de vida ou morte
e suspiro Suspiro
questão de sobrevida
aquele Suspiro que desloca
o ar e desautomatiza o
hábito Suspiro que vem
do estômago e parece a
soma de suspiros
acúmulo de tempo
denominador comum
do peso dos momentos
Suspiro que merece ser
descrito em um só fôlego
para depois

suspirar.

o ser e o fim

I.

nosso predicado é sempre
depois do sujeito vir
um predicado.

eu sou
tem muito pouco de eu,
eu sou
sempre é
eu sou para outro.

II.

quando morre um amor,
vai com ele um autorretrato
à tinta alheia,

tinta que não pinta, apaga uma
versão de si destroçada, aprisionada
em grades forjadas no fogo-fátuo,
fato do fracasso.

falsa coral

língua traiçoeira conduz ao
tropeço em cada duplo sentido.

língua escorregadia atrai para o
beijo com os dentes escondidos.

língua de cobra
bifurcada
        entre fala e
                carne,
duas línguas em comunhão
na palavra língua.

guardo a palavra aguardando
a picada como quem já
mordeu a língua e se
viciou no veneno.

toda língua é língua de cobra.

ditado

diz Haroldo,

"[...] um dizer-não-dito
de um não-dizível-dito
se ditando [...]
já é poesia".

e dilatar os dizeres
criando novos não-ditos
para voltar a dizer
já é poesia.

e dividir os dizeres
gerando não-ditozinhos
para tudo dizer
já é poesia.

e dilacerar os dizeres
afogando-se em não-ditos
para libertar o dizer
já é poesia.

e dizer, com a petulância
de um iniciante (e há outro
modo de se fazer arte?),
notas de rodapé a Haroldo
já é poesia.

botânica visual

do centro do botão,
buraco negro que
tudo suga explode degradê
e degrada lentamente
a escuridão absoluta.

em cada ponto desse
todo, microtodos prenhes
de todos corroem o
carvão e escavam
tons mais claros.

na margem do botão,
um susto amarelo
antidegradê expele
em um só golpe plumas
leves cor de sol.

paciente metamorfose,
o instantâneo como
meta abrupta.

o micro no macro no micro no

tudo isso,
girassol.

a abadia do eu mesmo

fantasmas assombram?
fantasmas esperam.

sombras circundam a
consciência para
colocá-la cara a cara
com os esqueletos
escondidos no armário.

fantasmas vivem no passado?
fantasmas pressionam o presente.

presenças constroem pontes
entre o foi e o é para trazer
ao chão toda esperança do novo.

na noite propícia
ao assombro, resta convidar
os fantasmas para entrar. numa
grande orgia ectoplasmática,

pairar sobre si mesmo.

sintaxe corporal

para Jéssica, em tudo

não dá pra aprender uma língua
decorando dicionários e gramáticas,
só se aprende a falar o desconhecido
entrando no jogo das expressões,
adequando-se à lógica das frases cotidianas,
pedindo um café no boteco,

vivendo a língua.

não dá pra apreender a tua língua
decorando a distância entre os olhos e a boca,
só se aprende a se perder no desconhecido
entrando no jogo dos seus movimentos,
adequando-se ao ritmo da sua respiração,
pedindo tudo sem falar nada,

morando na tua língua
(e nesse caso vale até devorar
o seu dicionário).

arritmia

o tempo ideal não é tempo,
passa sem passar pela
consciência como brisa
sem ar, sem cheiro.

o tempo ideal não é tempo,
vive fora do tempo e sua
duração não pode ser
medida em segundos.

o tempo ideal não é tempo,
não é nada,
e do nada,
acaba.

o tempo, quando é tempo,

vira fardo, vira sono,
vira susto, vira peso,
vira lodo, vira mofo,
vira fato, vira ônus,

vira ritmo.

e num ritmo marcado,
o que escapa da jaula
das horas é enquadrado
e, nos ponteiros do
relógio, vira tempo.

traditore

without,
em português,
sem
    variação,
    discussão.

sem é sem.
sem significados estáveis
não há língua.

without,
em um dia inspirado,
cem
    possibilidades,
    simultaneidades.

cem são cem (e mais um pouco).
cem significados desestabilizam
o que há na língua.

transmutação

poesialquimisturada,
diluem-se versos alheios.

uma vez diluídos, viram
coisa nova, coisa minha.

influência amassada até
o ponto de massa fluida.

um punhado de Celan,
gotas de Ruiz,

fragmentos de Fontela,
resquícios dos Campos,

tudo isso à deriva no
mar-deserto de Cabral.

ser poeta é roubar e ter
prazer em ser roubado.

poesialquimisturada,
quero meus versos diluídos.

transmutação inversa sem
ter o ouro como intuito,

transmutação aberta criando
ingredientes de mistura alheia.

arqueologia do verso

escavo a terra para
me livrar dos grãos.
cada grão um resíduo,
cada resíduo um universo,
cada universo um nome:

poema-confissão poema-moderno poema-desabafo
poema-protesto poema-concreto poema-produto
poema-processo poema-marginal poema-aberto
poema-performance poema-sonoro poema-visual
pós-poema metapoema hiperpoema neopoema antipoema.

escavo os grãos para
me sujar de terra e,
pintado de nomes-resíduos,
encontro o artefato,
o grão-artefato,

aquele artefato mais
antigo que a antiguidade,
cuja função desconhecemos:

poema-poema.

GIMMICK!

*em caixa alta! palavra que não tem
tradução fácil para o português.
como bom exemplo de poesia moderna –
porque faz todo sentido ainda sermos
modernos no século 21 –, vamos
criar um neologismo...*

guimicar!
      eu guimico tu guimicas
poesia guimicante
poesia irônica
poesia reflexiva
poesia neopósmetavisuconcremoderna .
          juntar palavras – isso é tão moderno!
juntar para criar o novo
          sempre o novo,
novo de novo...
        "novo de novo"! sim!
*repetir as mesmas palavras
até que diferentes sentidos apareçam*
            uma vez sentido o novo sentido,
o leitor sentido foge dessa rua
de sentido único que é a
linguagem cotidiana.
       mas é moderno demais
*falar sobre o leitor!
por uma poesia que antecipe a
reação do público –*
        reagir
re/agir... agir!
      uma palavra fatiada
*para iluminar
possibilidades
ocultas –*
    guimicar guimi/car...
gimme more baby!

viu só? a mistura de línguas
expande os horizontes da
poética! moderno, moderno
moderno que até dói!

...

boa! não há nada mais
moderno que um silêncio
carregado de mea-culpa!

florêxtase

imunidade de rebanho

o mundo acaba e antes de acabar acaba de novo
enquanto de camarote assistimos

ao apocalipse.

tanto tombo que a hecatombe se torna costume
e o ruído das bombas é a trilha sonora

do apocalipse.

sem desespero desistimos de impedir o desastre
para passivamente aproveitarmos

o apocalipse.

da primeira vez como tragédia,
da segunda como farsa,
da terceira como festa,
para sempre como fim.

fim que deixa de ser ponto final
e vira vírgula de uma oração

sem fim.

o inominável nomeado três vezes é rotina,
é notícia, é espetáculo.

é verso.

agitpobre (à sombra de Maiakóvski)

ser artista é ser agitador!

é colocar abaixo toda torre
de marfim soterrando os
arautos do bom gosto,
é olhar para a tradição como se
olha para a história, não com
reverência paralisante, mas com
vontade de criar o novo, o radical,
é preencher o silêncio reverencial
do consenso com a banda
estrondosa dos descontentes,
é minar o estritamente subjetivo
objetivando uma coletividade
conduzida por sujeitos,
é não crer em deuses que fazem
morada lá no alto, longe da matéria,
é crer em deuses apenas como
matéria, matéria estética,
é não citar a citação como
monumento de adoração,
é fatiar, colar e inverter a citação
como momento de transformação,
é negar qualquer movimento
fincado na uniformidade,
é entranhar-se em todo movimento
para libertar a disformidade,
é autointitular-se artista,
e isso já incomoda.

coa(ch)xo

aquilo que a tatuagem
chama de resiliência
só é eterno na tinta.

no jogo da matéria,
na dureza do concreto,
é porrada e revide
até onde der.

3.ª

cancelam a linha de ônibus,
abaixam o salário-mínimo,
despejam os inquilinos,
inventam mais uma taxa,
aumentam o preço da carne,
decretam um novo crime,
asfixiam a reação,
demandam obediência,
    m
    m
    m
proclamam sua sentença.
        m
        m
        m
    toMar o verbo de assalto
    ou ser engolido por
    sujeitos ocultos.

repartição

no travesseiro, sono insistente
no café da manhã, café apressado
no ônibus cheio, mente vazia
na fila do ponto, ponto final.

no bater do carimbo, rotina batida
no computador, estresse computado
na hora do almoço, marmita gelada
no esporro do chefe, língua amarrada.

na volta pra casa, alívio efêmero
no fundo do copo, prazer permitido
no fim da garrafa, revolta contida
na embriaguez, tristeza calada.

na prestação, reação algemada
na aquisição, alegria parcelada
no fim do mês, dinheiro no fim
no supermercado superfaturado.

dia após dia, pergunta irritante:

tudo isso por um fim de semana?

bile-jardim

tempos de catástrofe gestam
novos pecados, diante do
genocídio geral toda alegria
deve ser contida.

após regurgitado, todo êxtase
deve ser engolido, sugado como
a flor que nasce para dentro
da terra.

escondida, florêxtase finca
raízes podres, azedas, que
alastram mudas de caos.

escondida, florêxtase vira
seu oposto, alegria é
semente de ressentimento.

o que resta é esparramá-la
para o poema,

e aí,

já não é flor, é só o êxtase
da palavra.

canção de mais uma guerra

do outro lado do mundo

cai uma bomba – projétil estranho: jamais atinge os
senhores da guerra, estilhaça os
pobres, mulheres e crianças (porque são sempre senhores).

do outro lado do mundo

cai uma bomba – projétil ensurdecedor: seu estrondo irrompe
por toda a terra, abafando a música e o poema (porque é
estrondo, não verso).

do outro lado do mundo

cai uma bomba – não ouviu?
                não são os seus
                que morrerão.

los que aman los escombros

> Pero a nosotros no nos dan miedo
> las ruinas porque llevamos un mundo
> nuevo en nuestros corazones.
>
> (Buenaventura Durruti)

para dinamitar o velho mundo
que insiste em não morrer de velho,

arruinar a si mesmo gozando
os escombros das ruínas de si.

para estilhaçar a hierarquia
ferindo a moral com os estilhaços,

afogar-se em tijolos quebrados
até quebrar toda certeza.

para esmigalhar a força da lei
pisoteando as migalhas do poder,

fazer de cada coluna dorsal
uma coluna Durruti e,

de arruinado em arruinado,
empilhar os cacos do novo.

suíte incômoda

in memoriam Bertolt Brecht

1. **pretérito**

no sete de setembro,
camisas amarelas
espumam pátria e sangue.

e quando a ideia de pátria
não foi sangue derramado?

foi para os tupiniquins, foi para os tabajaras,
foi para Aqualtune, foi para Zumbi, foi para Dandara,
foi para Manuel Congo, foi para João Pedro Teixeira,
foi para Vlado Herzog, foi para Santo Dias,
foi para Mário José Josino, foi para Galdino,
foi para Amarildo, foi para Marielle,
foi para Evaldo dos Santos,
foi para Kathlen Romeu,
f
 o
  i
  .

11. asfixia mecânica

"ninguém solta a mão
de ninguém",

mas o tempo passou, a mão
soltou,

fechou e

                                            sufocamos.

e não é a mão do
carrasco que cala,
é a própria palavra,
o não poder dizer,
tudo aquilo entalado
na garganta põe os
dedos ao redor do
pescoço e aniquila
a vontade de brigar.

iii. 2021

povo em carne e osso
se mata atrás de
osso pouca carne.

a carne barata do povo
amontoada num amontoado
de osso.

é o que tem pra hoje,
esse osso duro, essa
imagem dura, coisa
mais dura do mundo
é a vida quando se é
só osso e pouca carne.

pretensão salarial:
    ser gente.

IV. pequeno dicionário contemporâneo

                    brasil über alles
blut und pátria amada
                    juden-comunista
entartete mamata
                    forçaS armadaS
heil mito
                    herrenrasse de bem

          schadenfreude!

v. aos natimortos

não,
não pode ser verdade (mas é):
vivemos em tempos assassinos.

vão-se as vidas, aquelas vidas
consideradas inúteis demais
para serem chamadas de vida.

afogam-se os afetos, aqueles
afetos afetados demais para
serem dignos de afeto.

dissolve-se a desculpa, aquela
desculpa que de tão repetida
é apenas isso,

desculpa.

diante do fundo do poço que
cavamos não é mais possível pedir

desculpa.

de tão trucidada, nem mesmo
esfarrapada vale a nossa

desculpa.

vocês que já nasceram nessa merda
em que perecemos, vocês que já
nasceram mortos, cuspam no rosto
da nossa fraqueza e com toda
malevolência possível não aceitem
mais a nossa des-

culpa.

Contingências: da variação moto-contínua aos natimortos

LUCIANA MORAES

Des-lin-d (ar)

"Poesia concreta: tensão de palavras-coisas no espaço-tempo."
(Plano-piloto para a poesia concreta, 1958)

Seria sensato pensarmos agora que, neste livro de 2023, começamos a leitura pelo descomeço, tal como a experiência das *Galáxias* (obra iniciada em 1963), de Haroldo de Campos? Bom, creio que seja possível concordar com esta hipótese justamente porque, ao iniciarmos a leitura, o *dentrofora* adentra no espaço em branco como um cometa, destrinchando-se na superfície do papel, de um modo dinâmico, quase estilhaçado. Segue entre o visível e o invisível da linguagem, ao "separar cada verso", "unir isso e aquilo, / encaixar sujeito e objeto e", pela partição do enjambement, quebrando os versos e encadeando o "dito cujo" com o "não dito" das ideias livres.

Ao longo das páginas, a sintaxe funciona por meio de deslocamentos vocabulares, entremeando nossa leitura com rastros metalinguísticos. Neste entrechoque, provoca reflexões (literalmente) no próprio formato do poema. São tensionamentos da escrita polifônica de Sanchez que aqui são postos em xeque, de modos diversos – "poema-confissão poema-moderno poema-desabafo poema-protesto poema-concreto / poema-produto poema-processo poema-marginal poema-aberto poema-performance / poema-sonoro poema-visual pós-poema metapoema hiperpoema neopoema antipoema" –, expondo-nos os signos (aglutinados e) em justaposição, que pulsam e resistem diariamente, em meio ao caos diário das cidades. Um pacto sutil se estabelece nas entrelinhas, instigando o leitor a se interrogar sobre as escolhas e não escolhas que faz diante de cada impasse da vida ordinária.

"Escava o peito até chegar ao coração", tensiona o poeta, resgatando a partícula *cor, cordis*, o "coração" da palavra que sangra. Tal como uma janela que se abre e fornece possibilidades de visão ao observador, nós que o lemos também podemos notar as imagens acumuladas em trânsito verbal e sonoro: a paisagem refletida no *dentrofora* do olhar do poeta. Aqui, o real derrete-se no verbo e lança-se a quebra da dicotomia sujeito-objeto, obra-autor, entre outras antinomias.

No que se refere aos estudos da linguagem poética desde a Grécia Clássica envolvendo discussões sobre a ideia de metáfora, vale ser dito que ela, como conceito dinâmico de transferência, apontado por Aristóteles, se faz presente aqui neste fluxo poético de "dividir em mil o que era uno". Em Sanchez, a "palavra é artefato, / é resquício, / é fóssil-signo", e indo de encontro às palavras de Alfredo Bosi (em "O ser e o tempo da poesia") a respeito de tal prisma de analogias nas figuras de linguagem, atestaremos que justamente nestes poemas "a expressão de coexistência vale muito bem para a metáfora, onde a caça é imagem, o discurso, o caçador".

O clima cinzento da zona urbana é tão evidente em seus versos quanto são concretas suas palavras no "terror de um presente contínuo/ o nada". O cinza aéreo da poeira paira no ar de sua poesia através de diferentes *topos*, de distintos aspectos temáticos e formais traçados. No primeiro poema, "tema em variação moto-contínua", o poeta cria aliterações por meio da consoante "t", no modo oclusivo-alveolar, se repetindo em "sujeito", "objeto", "inaudite-se" e "não dito", e assonâncias, com a exploração sonora de terminações verbais "ar"/ "er"/ "ir", em reiteração, remexendo o "dentroforadentro" do poema. "Espremer o mundano" é a convocação, assim, nossas identidades são misturadas com o "dito cujo" e "o não dito" e saboreiam o duplo sentido de outras palavras em tensionamento, podendo "erigir novos dizeres".

Sua poética, além de desmontar e recompor versos, recria os objetos linguísticos, ultrapassando o âmbito dos signos verbais comuns, sujando-se de terra e pintando-se com seus "nomes-resíduos", com a concretude-betume da realidade que tudo invade. Os poemas deste livro nos remontam ao "nascemorre" de Haroldo de Campos, uma vez que Sanchez nos evidencia, num só tempo, a dubiedade, a dança e a dureza dos signos, paulatinamente expostos, até alcançar o vazio, beirando o âmago *ex-nihilo* dos dias e noites de nossos opacos centros urbanos. No sol do meio-dia, há resquícios de um (meio) dia subtraído por efemeridades.

Des-to- (ar)

Segundo Bosi, "o signo vem marcado, em toda a sua laboriosa gestação, pelo escavamento do corpo. O acento, que os Latinos chamavam *anima vocis*, coração da palavra e matéria-prima do ritmo, é produzido por um mecanismo profundo que tem sede em movimentos abdominais do diafragma". Não por acaso, a escolha das tônicas de "Mantra" de Sanchez, já é realizada no início (e no final do poema) por meio dos vocábulos "metrô" e "imóvel", com acento circunflexo e agudo. Isto nos aponta os caminhos sutis, o *dentrofora* do ar que desce e sobe, se fecha e se abre nas tônicas, na cadência de sua escrita em *anima vocis*.

"A poesia, toda, é uma viagem ao desconhecido", defendera Maiakóvski, imerso no mistério da vida e nos poemas de agitação. De modo bem semelhante, neste livro, a poesia funciona como uma densa travessia, repleta de descentramentos e estranhamentos. Vislumbramos a (in)experiência do sujeito que não se contenta, de fato, com as sujeições ordinárias, no entanto, vive nesse entrelugar, entre o olhar e o não olhar do outro, entre o esbarrão e o alheamento, na busca por desvelar algo que parece pulsar oculto, dia após dia. No espaço inusual de um poema "estalo bissexto", tocamos o ponto cego da cegueira, guardado por trás dos dados de uma folhinha de calendário; o poeta nos insere em um entrelugar, entre a dúvida e a convicção do real, nos apresentando o tempo de outra criação: a poética de "encontrar aquilo no limiar / entre o livre / e o inútil".

O esquema de sua sintaxe poética, como vemos, se estabelece por meio de percursos sonoros do corpo na cidade grande e nos interstícios do discurso silenciado nas repartições; seus versos são fragmentos do que ainda resta de humano na regurgitação/ruminação do *dentrofora* renitente: "o um / mais um./ diante de um,/ o mundo / em / um". A partir desta ótica, parafraseando Augusto de Campos, poderia ser dito que a poesia é um universo de transeuntes dispersos, circulando num lapso entre o tempo e o espaço, no pulsar do poeta quase mudo.

Des-ti-n (ar)

É certo que a máquina do mundo não cessa de girar freneticamente, gerando nossa "solidão assistida" na "calada da noite terrível", porém a *anima vocis* do poeta procura expor, com minimalismo e objetividade, o protagonismo em sua denúncia, por meio dos dados mais corriqueiros do cotidiano. Sua "natureza morta" contemporânea se faz presente através de quatro haikais. "Ipês no asfalto" tornam-se "sangue amarelo" na sujeira do meio urbano. Há uma fantasmagoria atravessando as ruas, infiltrada em "um lugar que não é / mais lugar". Momentos de registro, de lembrança, que se tornam resquícios de uma "fotografia / despedaçada". Não seria exagero afirmar que sua poética está densamente circunscrita na experiência de esgotamento da poesia de Paul Celan, pela rememoração das aflições humanas e um enlutamento gradual ao longo dos poemas. Sanchez aponta para aquilo que há de mais atroz/ desumano, que impera no cotidiano, dificultando a movência dos corpos (ainda vivos) e a potência de um pensamento coletivo mais consciente do "Todo".

Durante a leitura, é perceptível a presença de uma linguagem multifacetada em jogo tanto quanto a experiência da respiração. Há momentos em que o ar parece nos faltar: "e o estalo dos postes de luz / põem em xeque // toda certeza, / razão, / civilização". Já em outros, podemos sentir o impulso do ar, como no belo desabrochar de uma flor, na "botânica visual" sinestésica. De construção à reconstrução, seus poemas nos transmitem a vibração de palavras- -escombros em diálogo com ouroboros-verbetes. Na presença de metapoemas, passamos pelos desencontros da linguagem de nossa era, pela comunicação já tão ausente de "olhos nos olhos", tão sufocada por dispositivos móveis e com tão poucas palavras ajustadas aos gestos – nesta sociedade alienada pelo consumo desenfreado. Com efeito, sua poesia é ácida denúncia dessas lacunas. Aqui vemos uma estética que tangencia o universo da "Antiode" de João Cabral, isto é, percorremos o leitmotiv cabralino, a trilha de poemas em que as fezes são mais visíveis que as flores: "a terceira das virtudes teologais".

Neste espaço poético de Sanchez, a memória particular e a história coletiva dialogam em um caminho atravessado pela crítica constante. Vemos a "multidão de torres" e a "dissidência controlada", enquanto o poeta avança ironicamente pelos estrondos das escadarias e cruzamentos da "pauliceia desvairada". Os versos parecem seguir em luta corporal, demandando afinal outra língua, como aquela do amor, que só se aprende pela sutileza, "adequando-se ao ritmo da sua respiração / pedindo tudo sem falar nada". São espaços de microfragilidades dispersos na cidade, apresentando imagens efêmeras do caos urbano, e, não à toa, a carência de atenção e de afeto predomina no "dia nublado, cinzaconcretado" da poesia.

A fim de interseccionar, brevemente, a poesia deste livro com o campo da *sociologia formal* de Georg Simmel, do início do século XX, recordemos que, quando o sociólogo alemão publicara o ensaio "As grandes cidades e a vida do espírito" (1903), fora esmiuçado todo tipo de desafios em relação à vida do sujeito moderno, à sua condição psíquica e à sua construção identitária em sociedade. A análise da época em questão estava, no entanto, mais próxima de uma atmosfera utópica de modernidade, defendendo que "(...) com a atitude blasé, a concentração de homens e coisas estimula o sistema nervoso do indivíduo até seu mais alto ponto de realização, de modo que ele atinge seu ápice"; no sentido de que "o indivíduo se tornou um mero elo em uma enorme organização de coisas e poderes que arrancam de suas mãos todo o progresso, espiritualidade e valores, para transformação de sua forma subjetiva na forma de uma vida puramente objetiva". Contudo, como é notório, tal fenômeno social da modernidade, em alguns anos posteriores, já se apresentaria tão ambíguo quanto excludente. Afinal, muitas questões sociais (ambientais, afetivas, políticas, entre outras) até hoje permanecem em debate por conta deste "devir moderno" ou "eterno moderno", por excelência, distópico.

Na contracorrente deste "devir distópico", os poemas de Sanchez inegavelmente nos apontam, a todo momento, o contrassenso de viver em uma realidade de falácias e incertezas como a nossa. Como anuncia o poeta, portando um forte sarcasmo e artifícios metalinguísticos em "GIMMICK!": "(...) não há nada mais / moderno que um silêncio / carregado de mea-culpa!"

Nos seus versos, vemos aproximações com a dureza da "Educação pela pedra" cabralina, enquanto permanecemos na condição precária do "espírito moderno". Independente do nosso controle, a "figura urbana dos metrôs, quando metrificada (mesmo sem métrica), morre", isto é, percebemos o vão que se apresenta com velocidade, nesse percurso subterrâneo dos anos (des)construídos que passam como "uma pedra de nascença, entranha a alma".

Ainda que a palavra possa beirar a condição do pó, junto às cinzas da cidade, entre os tropeços e despertadores diários, em som alarmante tocando "a precisão de um quartzo virar uma máquina", a ciranda de seus poemas também carrega continuamente o veneno da falsa coral, viciado em bifurcar caminhos. O inesperado "poema-poema" talvez já subsista em cada movimento da "arqueologia do verso". Mesmo os fatos mais banais do cotidiano escondem o lume aparentemente ausente do dia a dia. Ora diante do condensamento de palavras, ora diante da fragmentação dos versos, com justaposições e aglutinações vocabulares em termos ressignificados, nós que o lemos podemos ter a sensação de ver certas formas ideográmicas presentes, como uma casa/templo ou como um dia/sol , reunidas na particularidade de alguns poemas – vide "agitpobre (à sombra de Maiakóvski)".

Sua poesia se redimensiona principalmente em esquemas fanopeicos e logopeicos, transmutando-se em diferentes possibilidades sígnicas, ao modo do seu "bile-jardim" em "tempos de catástrofe". Em "transmutação", a poesia é "poesialquimisturada, / diluem-se versos alheios (...) influência amassada até / o ponto de massa fluida". Assim, pode-se dizer que ler é percorrer novas estradas, desenvolvendo a matéria do corpo, se regenerando no "êxtase da palavra". É ver, rever e, sob outro ponto de vista, desver. A bela imagem desenhada por Sanchez em sua "botânica visual" exemplifica bem a disposição vital de uma planta, em "paciente metamorfose", com o "todo, microtodos" dos versos que *dentrofora* se ramificam e crescem no sentido luminoso: "o micro no macro no micro no // tudo isso, / girassol".

Des-ter-r (ar)

Contudo, em meio à dança macabra contínua, dia após dia, estampada nas notícias, o poema "imunidade de rebanho" (testemunha da era pandêmica) nos adverte diretamente: "o mundo acaba e antes de acabar acaba de novo". Sendo todo fato fracassado disseminado: "o inominável nomeado três vezes é rotina, / é notícia, é espetáculo./ é verso".

Se "escrever é esmurrar os tijolos", seu tom afiado na língua de cobra, falsa coral bifurcada, nos atravessa as falsas certezas e nos convoca para ver a realidade. Na contramão da história, o poeta se coloca, se presentifica em cada corpo excluído, marginalizado, morto ou desaparecido: "foi para Mário José Josino, foi para Galdino,/ foi para Amarildo, foi para Marielle,/ foi para Evaldo dos Santos,/ foi para Kathlen Romeu (...)". O ritmo e a arritmia integram seu anti-lirismo, pelo luto e para a luta.

Em "los que aman los escombros", somos inseridos nos liames de um "poema-bloco", a fim de fazermos "cada coluna dorsal / uma coluna Durruti", num diálogo com a vida humana e com Buenaventura Durruti. Sanchez escreve "para esmigalhar a força da lei" do poder de um velho mundo, para atravessarmos as inquietações, os anseios, todo luto reincidente e nos recompor na força de outra história: "de arruinado em arruinado, / empilhar os cacos do novo". Através da palavra poética, transpomos obstáculos, lutamos e desejamos "brilhar como um farol / brilhar com brilho eterno", como nas palavras de Maiakóvski.

Se ultrapassássemos a dimensão do óbvio, poderia ser dito que *dentrofora* cria aproximações com a arte do livro-objeto de Julio Plaza – um livro desdobrado em outro livro, pela concepção de seu título aqui –, havendo um cosmo infinito de palavras por trás de palavras (interseccionadas) em geometrias sutis, invisíveis. Rastros de pontos de fuga e de encontro, em nossa era denominada "pós--moderna", imersa no "eterno moderno". E em nosso olhar, qual rebentação do mar: ondas de um poema com outro poema, invadindo as placas e objetos do nosso cotidiano. Sem cessar de girar, a poesia resiste no sentido de quem olha, vê e deseja um reparo.

Não por acaso, o poeta deixa como arremate cortante sua "suíte incômoda", partindo do "pretérito" do Sete de Setembro da "nossa" história até chegar à esfera dos natimortos, nestes tempos assassinos, perpetuados por tais figuras que não cessam de estendê-los indefinidamente, com malevolência no discurso e ações fascistas. Na falta de resoluções claras para o cenário opressor, sua poesia joga escárnio na face dos hipócritas, de todos os que não se importam com as mortes e as mais variadas desigualdades existentes já há tanto tempo: "não aceitem / mais a nossa des- // culpa".

"O concreto sangra a lembrança" a cada descompasso de um indivíduo arfando pelas ruas da cidade, como numa viagem e miragem das *Galáxias* de Haroldo de Campos em que "metrônomos medem / diafragmas". São desajustes, desgastes emocionais em meio às rotinas, segredando o embotamento "framed" no receio de olhar para si próprio e ver o vácuo "atrás de um nome: ser humano". Diante do humano em iminência de um apagamento completo, diante do acúmulo de incômodos coletivos, paira no ar o anjo de Klee, fundido à figura de Benjamin, nos observando enquanto lemos e também os observamos. Num mesmo espaço e tempo da poesia, nesse "passado de terror" e no "terror do presente", há talvez quem perceba – como o poeta – que eles aguardam nossas reações. Entre o brilho e falha: "glitching".

Em "heliotropismo", vemos a ironia (na condensação vocabular do verso) dos corpos no suor da rotina "agrupadosamontoadosempilhadosgrudados", como se pudessem ser planta em direção à luz do sol; sintoma "brilhoescuro" nas ruínas da *metropolis*. Ainda assim, suas linhas sanguíneas vibram nos buracos do papel amassado, na "montagem inacabada" do conteúdo em anarquia, com a superfície da folha em permanente movimento. "Impermanência reciclável": o "contraponto a mil vozes" com verbos atravessando um papel fluido e formando um rascunho de fôrmas esburacadas. E se o silêncio, este o mais gritante dos sanguessugas que escava o peito, se concretiza no verso quase não dito, é porque: "cada um é um, / um só, / só". Contudo, não se nega que existe um "ISSO / coisaemsi", pois algo sempre reverbera na palavra, no olhar e em nossos gestos. Ainda que vivamos um "AQUILO", diante das incertezas da metrópole, tocamos o "ISSO" da palavra concreta que se desmonta, se remonta e se adapta às tintas da retina de cada olhar.

Não é simples, nem gratuito esse ato de escrita. Na "edição crítica" do presente, imagens brotam: "nostalgia do sol descendo". O poeta escava enquanto escreve, nos mostrando as fissuras e o vazio de nossa era. Mostra os ossos do poema, o que há de mais anômalo quando tentamos tocar a terra em que pisamos, mesmo que ela pareça estrangeira a nós. O poeta escava a própria língua (e outras línguas) como se tocasse nas feridas e entranhas de cada um que lê. Tal como na densa composição de Paul Celan, "A fuga da morte", "cavamos uma sepultura nos ares aonde o espaço não falta / um homem vive em casa brinca com serpentes escreve". Aqui, o poeta também escreve por entre os dias de horror dos fatos noticiados (e dos não divulgados), em meio às incompletudes e tumultos do cotidiano. A escavação não cessa e o profundo vão aumenta conforme a arqueologia do verso se "poemifica", se ramificando no "pequeno dicionário contemporâneo" onde "schadenfreude", a alegria diante do infortúnio alheio, permanece como um ouro sujo da banalidade do mal, cunhada por Hannah Arendt.

Sua poesia remete a alguns aspectos da música atonal de Arnold Schönberg –entranhada na acidez destes tempos sombrios, com seus andamentos e variações melódicas incomuns – como se questionasse nossa verdadeira face em cada poema. Assim, a arte é "entranhar-se em todo movimento / para libertar a disformidade", procurando – numa "noite transfigurada" da música e da poesia – nos lembrar do necessário: cantar o amor é cantar a revolução. No sentido das palavras de Haroldo de Campos no "proêmio" (em "Servidão de passagem"), "poesia em tempo de fome/ fome em tempo de poesia", os poemas deste livro seguem, a despeito de todas as adversidades, com a fome do presente, do instante que seja abertura para um novo percurso possível. A fim de traçar novas formas de vida para a história, Sanchez dessacraliza a poesia e cria "*dentrofora*-caminhos" a partir de suas (des)construções.

Des-vai-r (ar)

Como afirmara Octavio Paz em "Os signos em rotação": "o poema (...) apresenta-se como um círculo ou uma esfera: algo que se fecha sobre si mesmo, universo autossuficiente e no qual o fim é também um princípio que volta, se repete e se recria. E esta constante repetição e recriação não é senão o ritmo, maré que vai e que vem, que cai e se levanta". Nesse sentido esférico da poesia, ainda que associado à experiência de incompletude em Sanchez, nota-se aqui esferas de dentro e fora mesclando-se entre o universo particular e coletivo do indivíduo contemporâneo. Seguimos imersos em ciclos de emoções diversas, com o sentido e não sentido circulando diante dos nossos olhos. Experienciamos a visão *flâneur* de sua poesia: os poemas de agitação. Poética extraída de nossa vida comum e incomum, com seus "multi-versos" traduzindo toda insatisfação diante do que se vê ao redor, mas sem perdermos de vista o delicado elo de cada "cor-verbo", adjetivado na mistura dos nomes no âmago de um "arco-íris branco".

Na "abadia do eu mesmo", ainda que sombras circundem o presente, "presenças constroem pontes / entre o foi e o é para trazer / ao chão toda esperança do novo". Esta heterogeneidade de novas "formas significantes" desdobra diferentes identificações estéticas na escrita. Em resistência verbal, esta polifonia poética toca "metáfora-mutações" nos versos. Na "babel monolíngue", "em artigos definitivamente / indefinidos nos perdemos", pelas incertezas de "feições como traços" da "danse macabre". Entretanto, vemos a desmontagem como reinvenção: "a imagem na palavra na letra no traço, a serpente engolindo a si mesma", em "ouroboros". Ou seja, aqui há uma poesia que se revolve para dentro e para fora, sem parar, em desvario de cores, sentidos e sons aglutinados: a arte que deseja seguir para fora de si.

O poeta não nos deixa esquecer de que é no abismo do mundo, nestes jogos paradoxais da cidade, que os nossos ecos ressoam. Sem dúvida, também é neste "mudo eucalipto / elástico/ e elíptico", de Orides Fontela, que pulsam as contradições e elucubrações de *dentrofora*. É neste mundo tão contraditoriamente "concreto-pulverizado-enovelado" que reside o espaço onde subvertemos a razão (desarticulada de nossa era) e aglutinamos nossos desejos, no sentido de um enérgico tempo em reaparição. Tal como o filósofo italiano Giorgio Agamben escrevera na "Ideia de felicidade": "Ela é o bem que a humanidade recebe das mãos do caráter".

Portanto, a partida é aqui, desde o começo, o descomeço. E não há linha de chegada. "Nada tão efêmero como a imagem, nada tão poético como o efêmero" nesse jogo de possibilidades sígnicas. Uma "florêxtase" permanece fincada no lamaçal do poema: "alegria é semente de ressentimento / o que resta é esparramá-la para o poema / e aí, / já não é flor, é só o êxtase / da palavra". Como se estivéssemos em percursos poéticos de "A lição de desenho" cabralina, acompanhamos "O nascimento da linha / De si mesma crescendo / Em liberdade fatal", sua "flor mental" se fazendo paisagem no papel em branco e, por fim, "O deserto apresentou / O risco de um mundo".

(Ar)

"Dentrofora" e "foradentro", do (des)começo ao recomeço do jogo, "um livro ensaia o livro / todo livro é um livro de ensaio", como nas Galáxias e na Teoria e prática do poema de Haroldo de Campos: "o Poema se medita" / fulcro de cristal do movimento". Nos cantos da cidade e no "antiantecanto" desta poesia, na "vocação diminuta" e em suas entrelinhas: "tudo. nada". Após toda leitura e toda culpa lançada no ar pela voz liberta dos versos finais "des- //

culpa.", o que deveria ser dito?

Talvez estas perguntas: ficar entre a "canção de mais uma guerra" e uma folha de papel amassado ou chegar em outro lugar? É possível "suspirar" como uma nova "ontologia do ar"?

© 2023 Sanchez
Todos os direitos desta edição reservados à Laranja Original

www.laranjaoriginal.com.br

Edição
Germana Zanettini
Projeto gráfico
Iris Gonçalves
Ilustração da capa
Sanchez
Foto do autor
Jéssica Jardim
Produção executiva
Bruna Lima

Laranja Original Editora e Produtora Eireli
Rua Capote Valente, 1198
05409-003 São Paulo - SP
Tel: (11) 3062-3040
contato@laranjaoriginal.com.br

Dados Internacionais de Catalogação na Publicação (CIP)
(Câmara Brasileira do Livro, SP, Brasil)

Sanchez
  Dentrofora / Sanchez. -- 1. ed. -- São Paulo :
Editora Laranja Original, 2023.

ISBN 978-65-86042-83-2

1. Poesia brasileira I. Título.

23-173326   CDD-B869.1

Índices para catálogo sistemático:
1. Poesia : Literatura brasileira B869.1
Aline Graziele Benitez - Bibliotecária - CRB-1/3129

Fonte: Adobe Garamond
Papel: Pólen Bold 90 g/m²
Impressão: Psi7 / Book7